AF253847

# NOS VÉRITÉS

# NOS VÉRITÉS

ESSAI POLITIQUE

PAR

J. B......t, AVOCAT

PARIS

E. DENTU, LIBRAIRE-ÉDITEUR

PALAIS-ROYAL, 17 ET 19, GALERIE D'ORLÉANS

1871

politiques n'a pas rencontré l'accueil qui leur était
dû ?

J'ai reconnu d'ailleurs qu'en face de la société,
cette maxime n'est pas vraie :

Aimez qu'on vous conseille, et non pas qu'on vous loue.

J'ai reconnu qu'il est de notre faiblesse humaine
d'en préférer la contre-partie, d'aimer les louanges
plus que les conseils.

Est-ce à dire que j'en fournisse moi-même la
preuve? Non ! j'ai toujours accepté ceux-ci, redouté
celles-là.

Mais je veux, dans les considérations qui vont
suivre, protester hautement devant mon pays contre les erreurs auxquelles on veut le sacrifier ; je
veux flétrir la fausse application que l'on a faite de
certains principes immuables comme les droits
qu'ils établissent.

Je n'en puis saisir une meilleure occasion que
dans ce moment où toute notre société française
est une fois encore menacée d'effondrement. A
peine, en effet, avais-je terminé ce rapide aperçu
politique, la fatalité qui s'appesantit sur la France
semble s'être attachée à justifier mes funestes
pressentiments. Les menées révolutionnaires se
sont produites au grand jour, éclairées par de nou-

veaux sophismes, sous l'une des formes les plus terribles qu'elles aient présentées de nos jours, et des événements se sont accomplis qui, par leur sinistre réalité, attestent suffisamment d'une désorganisation absolue dans tout l'ordre politique et social.

*Le prolétariat et sa marche ascendante*, tels sont les mots que, de tous côtés, l'on emploie pour caractériser le spasme convulsif qui nous fait trembler encore. C'est là une nuance dangereuse, inopportune au moins, dans la coloration du mouvement qui caractérisera notre époque dans l'histoire. Le prolétariat, dans le sens strict du mot, a droit à l'intérêt, à des encouragements de toutes sortes; il ne saurait désigner, de notre temps, une classe quelconque de la société, et l'indiquer surtout au mépris. Appliqué à la *famille des travailleurs*, il ne catégorise pas; il s'étend à la France entière, comme à un tout parfaitement homogène, régi par un ensemble de lois qui en font une large communauté, ayant les mêmes désirs, les mêmes besoins, les mêmes moyens. La loi du travail est notre loi à tous. En s'y soustrayant, par paresse ou par avidité vers des richesses faciles, certains éléments de notre société ont éveillé des susceptibilités dénuées, si l'on veut, de fondement, de vérité, mais qu'il ne devait pas être impossible de calmer par des compensations quelconques. C'est le principe d'équilibre appliqué en morale politique comme dans le monde physique. Le jour où il se rompit, l'élément travailleur se crut le droit de demander à celui qui ne l'était pas compte de son inertie.

Du producteur à l'instrument la marche était facile, et le cri de guerre fut jeté contre le capital.

Tel est le point de départ d'une querelle sociale, engendrée bien plutôt par l'état stationnaire, sinon déclinant, d'une partie de notre vaste famille, que par la marche ascendante de l'autre ; — aggravée par l'absence totale des vertus civiques, morales et religieuses qui eussent opposé un frein salutaire aux passions qu'elles a suscitées ; — envenimée par les revendications des déshérités du travail, qui croupissaient dans les prisons ; en sortirent quand les portes en furent brusquement ouvertes devant eux, avides de se venger des sévérités légales qu'ils avaient encourues, et se précipitèrent de tous les côtés sur la France, comme vers une proie qui leur était tendue.

Cette querelle peut se prolonger encore tant que nous ne la viderons pas par les vrais moyens. Elle est de la plus haute gravité : elle peut compromettre l'existence de la France. Il est donc du devoir de tous les hommes de cœur de rechercher, dans leur union intime et sincère pour le bien commun, la force imposante qui seule peut sauver nos institutions, le pays lui-même. Il importe que l'on ne dise plus que l'égoïsme a tué nos plus nobles aspirations ; que la Patrie elle-même, immolée au profit de prétentions personnelles, n'est plus pour nous qu'un vain mot ! Nous ne saurions d'ailleurs envisager avec tiédeur l'abîme qu'ont laissé béant les horreurs de la guerre, et que les discordes intestines ne peuvent qu'élargir encore davantage.

Oui, si la France ne se réveille de l'assoupissement où elle reste énervée, c'en est fait d'elle ! A l'instar de tant d'autres nations qui, elles aussi, ont eu leurs périodes de splendeur, elle tombera sans pouvoir reconquérir le rang qu'elle occupait naguère.

Mais elle a devant elle l'avenir, et à ses côtés le génie fécondant qui veut veiller sur elle, verser le baume sur ses plaies, lui rendre la vie, lui faire aimer le travail, lui ramener le crédit qui se fermait déjà... Mission providentielle !... Qu'elle place donc en lui ses plus douces espérances... Ingrate ! si elle ne bénit pas les soins nobles, dévoués, pa-

\...riotiques de l'éminent homme d'État dans les bras duquel elle s'est jetée dans un accès de désespoir, attendant tout de lui. « *Fais ce que dois,* » telle est sa devise. Il nous a dit ensuite : « *Advienne ce que voudras.* »

Ainsi fit Noé, quand il sauva le monde.

Quoi ! tout est à refaire !!! Eh bien, avec lui commençons.

Le dix-neuvième siècle avait été jusqu'ici proclamé comme étant l'âge de notre nation où toutes ses facultés intelligentes atteignaient le plus haut degré de civilisation. Et voilà que le chaos fatal, inévitable, où elle s'est affaissée, la force de se demander si, loin d'avancer dans la voie du progrès, elle n'a pas perdu, dans l'histoire des peuples, le rang que semblaient lui assurer ses conquêtes intellectuelles. Elle se heurte de nouveau contre le problème insolu de son existence sociale. Cependant elle restait endormie, confiante, sur la foi des moralistes qui, victimes d'un mirage qu'on ne saurait leur pardonner, lui redisaient sans cesse, comme ils se le disaient à eux-mêmes : « *Courage, le chemin est facile. N'avons-nous pas pour guides les leçons du passé ?* » Les écueils, au contraire, se sont multipliés : le passé n'a laissé que désordres et lugubres souvenirs, triste moisson qui ne renferme pas même le germe de l'expérience. Et nous restons déconcertés, anéantis, pénétrant d'un œil avide l'obscur horizon de l'avenir, y cherchant, tremblants encore des convulsions d'hier, le certain et cette douce région qui pourra rendre l'élasticité aux membres alanguis de notre corps social.

Le sang s'est figé sur les cendres de nos grandeurs passées : il en forme une croûte épaisse. Doivent-elles y rester à jamais abîmées !

A l'œuvre... Déblayons, cherchons-y les bases de nos grandeurs à venir, les éclairant de notre foi patriotique. Que le marteau résonne ! que chacun de ses coups soit pour l'univers stupéfié de nos ruines, incrédule à notre essence de vie, un appel de notre génie renaissant, créateur de l'antique France ! Terrassant d'un battement de ses ailes les agents des odieuses passions qui le tenaient asservi, il rejette déjà le manteau d'argile sanglante qui entravait son essor. Il surgit... et de son noble élan il plane de nouveau sur nos ruines éteintes...

A l'œuvre, suivons-le... C'est l'heure de la régénération.

# NOS VÉRITÉS

---

## I

Londres, février 1871.

On ne peut se défendre de douloureuses appréhensions, quand on examine de sang-froid les péripéties successives du drame politique dont la France est le théâtre depuis 1789.

Chacun se demande : « Où va la France ? Ne se précipite-t-elle pas, de plus en plus, dans le chaos, dédaignant de prêter une oreille attentive aux avis que, plus d'une fois, ses hommes d'État ont voulu lui donner ? »

Étrange aveuglement d'une nation qui, connaissant les dangers qui la menacent, semble avoir peur de les envisager, et se reposer sur les hasards du lendemain

pour réparer les désastres de la veille ! Elle vit au jour
le jour, invoquant, dans ses insouciances et au milieu
de ses faiblesses, l'exergue : « Dieu protége la France ! »
Loin de moi la pensée de ne pas l'admettre comme
vrai ; mais elle n'est pas moins vraie non plus, cette
maxime : « Aide-toi et le ciel t'aidera. »

Le moment est venu d'examiner si, par notre indifférence et notre manque de foi, nous ne nous sommes
pas aliéné une protection qui nous est certes nécessaire,
alors que beaucoup en discutent l'efficacité ; si l'assis-
tance que les divers éléments de notre société devaient
se prêter réciproquement, n'a pas fait défaut complet, livrant tout à l'imprévu que dominait, qu'imposait même
la force de l'individualisme, substituée aux lois de la
collectivité. Le moment est venu pour la France de se
livrer largement à l'étude de ces questions, qui s'appliquent aussi bien à la morale qu'à la politique ; de
rechercher, dans les erreurs passées, les enseignements
qui peuvent sauver, asseoir son avenir.

§ II. — Grandes certes furent les conquêtes de la
Révolution de 1789. Elles fondèrent la France en lui
donnant les institutions qui devaient la rendre forte
par l'assimilation de toutes ses parties. Elles achevèrent
les grands œuvres de Charlemagne, de Louis XI et de
Louis XIV, — cimentant par la loi l'unité entreprise
par leurs conquêtes, — consacrant par la communauté
d'intérêts le lien indissoluble qui devait grouper les
éléments variés de la famille nouvelle, — jetant les
bases des droits d'une société nationale et des libertés

dans le cercle desquelles elle allait les appliquer, —
substituant à la formule surannée : « Tel est notre bon
plaisir » l'expression devenue exacte de « la Volonté
nationale. »

Mais, en inaugurant un régime politique devenu nécessaire, la Révolution créa des dangers qu'il n'était
possible d'éviter dans l'avenir que par l'étude soutenue,
l'appréciation intime de ses causes, de ses fins. Il fallait à la nation, étonnée de sa transformation, une
grande force de concentration intellectuelle pour bien
comprendre l'ère nouvelle qui venait de s'ouvrir devant elle.

Au lendemain de ses conquêtes politiques, devait-on
lui demander une aptitude qui ne pouvait se manifester
qu'avec l'aide du temps qui fait la sagesse des peuples ?

Les années ont passé : près d'un siècle s'est écoulé depuis que la France a été mise en possession de ses priviléges et de ses libertés ; et le calme qui succède à la
tempête, calme qui lui était indispensable pour en assurer le développement et l'exercice pondéré, harmo-
nisé avec ses besoins nouveaux, ne s'est pas encore produit pour elle. A des époques pour ainsi dire périodi-
ques, elle subit des secousses qui accusent des causes
non étudiées par elle de malaise politique, et tous les
problèmes qu'elle avait le droit de considérer comme
résolus sont sans cesse remis en question.

N'en accusons pas la fatalité, ce mot tout fait pour
expliquer les misères humaines, non ! Les commo-
tions en France, à la surface comme dans les profon-

deurs de son terrain politique, ont des générateurs
certains qu'il lui importe de détruire jusque dans leurs
racines.

Je ne veux m'occuper ici que de son *Éducation politique*. Je me propose d'envisager si, au sein du mouvement intellectuel où elle a sa place marquée parmi
les autres nations, elle n'est pas, sous ce rapport, restée en arrière.

§ III. — Profitant de l'ébranlement causé dans l'ordre
social par le renversement de nos vieilles institutions,
un parti se forma, dominé par des chefs aux idées ambitieuses ; n'ayant d'autre but que d'exploiter à son
profit les circonstances qui avaient amené la Révolution
et le régime nouveau qui en était la conséquence ; —
s'inquiétant peu de rechercher si, sous l'empire de ses
doctrines, la *liberté*, pour laquelle il affichait un faux
respect, ne dégénérerait pas en licence, s'appuyant, au
contraire, sur les passions qui ne pouvaient que la compromettre ; — avide, en reculant les limites de l'*égalité*
posée devant la loi, de l'introduire, en le bouleversant,
dans l'ordre social lui-même ; — mentant à la *frater-
nité* et n'éprouvant que les sentiments d'une haine profonde et mal déguisée pour les groupes d'hommes ou
de nations qui n'adopteraient pas ses principes.

Tour à tour tombant et se relevant, ses succès n'eurent d'autre mesure que celle de ses audaces.

Terrifiant au lieu de pacifier, sapant dans ses bases
le monde de la réalité par les théories flatteuses puis
décevantes de l'hypothèse, il voulut se faire créateur,

et chaque fois l'argile, rebelle à sa parole, est devenue poussière.

Ne nous a-t-elle pas suffisamment aveuglés !

O vous, champions du travail, égarera-t-il encore longtemps votre bon sens par ces phrases à mots retentissants, où il vous présente la société telle qu'elle ne peut vraiment pas être ? aura-t-il longtemps encore la prétention de faire de vous ses agents dévoués, vous dont le bonheur est intimement lié à la prospérité du pays, au maintien de l'ordre et des lois ? caressera-t-il longtemps encore vos illusions par les utopies les plus funestes? Ouvrez donc les yeux et vous reconnaîtrez que vous n'êtes que ses victimes. Au moment des dangers, combien de fois n'avez-vous pas vu ses chefs s'enfuir, traîtres à votre cause, dont ils avaient l'impudence de se dire les sincères défenseurs ?

Belle est votre mission : ne la méconnaissez pas. Autant que tous les autres éléments de la nation, vous pouvez noblement concourir à la rendre florissante. N'êtes-vous pas les disciples de l'Industrie et des Arts? C'est là pour vos ambitions un champ aussi vaste que glorieux. Consacrez-vous fièrement à la lutte du travail ; ne vous exposez plus aux hasards des révolutions qui tuent vos libertés. Elles sont sacrées : affirmez-les par l'application des principes de morale politique qui planent au-dessus d'elles. — Dites à ceux qui les violent : « Vous n'êtes pas des nôtres, car, en trahissant la patrie, vous nous sacrifiez avec elle à vos ambitions personnelles. »

§ IV. — C'est ce même parti qu'on retrouve en 1830, en 1848, à chaque mouvement, qu'il paralyse ou dénature, de la nation vers le progrès, en 1869, enfin en 1871, cette fois en présence de l'envahisseur.

Il arbore chaque fois le drapeau de la République, règne du désintéressement civique et de l'abnégation sans limites. Il en fausse l'expression : il n'en fait que l'étendard de la révolte contre les principes les plus saints. Dans ses plis, il cache sa haine pour l'ordre, son mépris des libertés vraies, du droit qui les fixe, de la justice qui les protége.

Ce drapeau, dans ses mains, n'est que le symbole de l'anarchie, qu'il fait flotter sur les monuments de la nation émue.

Non ! ce parti n'est pas celui de la République, quoiqu'il se drape de la devise sacramentelle ; et lui en donner le nom, c'est profaner le régime politique auquel la France doit bien quelques grandeurs et sous lequel plusieurs nations vivent heureuses.


§ V. — C'est pour échapper à ses étreintes que la France accepte, à diverses époques, ce que l'on peut appeler « les *interrègnes de la Révolution* » : absolutisme impérial ou monarchies plus ou moins adaptées à ses aspirations constantes.

Les diverses phases gouvernementales qui se succèdent depuis 1789 semblent en effet n'être que des haltes momentanées dans le travail d'enfantement de nos libertés. Mais elles ont un caractère plus significatif : elles sont le symptôme récidivé de la lassitude de la nation, leurrée sans cesse, avide d'appliquer, dans le calme, les principes posés de son existence, et de les soustraire aux sourdes atteintes du faux parti républicain.

Ce sont autant d'étapes vers l'équilibre politique que réclame la France : elle croit y rencontrer chaque fois le régime qui le consacrera inébranlablement.

Illusion ! le cercle fatal dans lequel elle se meut l'enserre toujours, et la monarchie de 1830 elle-même, qui représente le mieux le triomphe de ses libertés pondérées, doit, en tombant elle aussi, la rejeter encore dans l'imprévu !

Elle n'en sortira, après de nouvelles convulsions, que pour subir le dernier pouvoir absolu qui lui réserve finalement les désastres de l'invasion allemande !

Telles sont vos œuvres, faux apôtres de la foi républicaine ! Qu'avez-vous fait de cette belle et noble France, fille de nos rois? Fière de ses gloires séculaires, elle se présentait à vous sur l'autel que lui avaient dressé vos pères, tenant d'une main le symbole de la concorde qu'ils avaient jurée et que vous trahissez sans trêve ; et, de l'autre, les fastes de son passé que vous brûlez sans honte, comme un holocauste à vos rêveries ambitieuses : mais peu vous importent les cendres que trois fois en un siècle remue l'étranger !

Qu'avez-vous fait de votre patrie après l'avoir arrachée à ses vraies destinées ? — Grande et forte tant qu'elle n'a pas été souillée de vos mains, elle est une fois encore haletante, frappée au cœur, et dans la barbarie de vos passions égoïstes, vous la voyez lacérer de sang-froid ! Des plaies que vous avez rouvertes s’écoule son meilleur sang, et vous restez sourds à ses plaintes, les dernières peut-être que lui arrache sa faiblesse, car vous ne voulez que le triomphe de vos calculs personnels ! — Non ! vous n’êtes pas ses fils, vous qui avez dit : « Périsse la France entière plutôt que la République ! »

Mais la justice des temps se fera, et c’est en lettres de sang que vos noms seront inscrits sur les débris des tablettes qui avaient reçu vos serments !

O France, seras-tu ainsi longtemps et souvent la victime de ceux que tu as enfantés ? — Non... redresse-toi. L’heure est venue.

## II

Sous la pression des agitations continues, des préoccupations ardentes de ce parti ou plutôt de cette faction, la nation dut forcément rester incertaine, découragée. Elle entrevit souvent la vérité de sa situation, et se surprit plus d'une fois regrettant les splendeurs de ses monarchies passées, si oppressives qu'aient été plusieurs d'entre elles, et craignant de n'entrevoir que dans un avenir bien éloigné un heureux terme aux illusions dont elle était restée longtemps la victime.

Pénétrée toutefois du but social auquel tendaient les innovations, brusques mais avantageuses, introduites dans tout son être, elle voulut étudier les voies justes qui lui permettraient de l'atteindre. Elle sentait le besoin de son *Éducation politique* ; elle ne put y travailler utilement, faute de trouver, dans les institutions nouvelles, la protection suffisante au calme de l'intelligence. — C'était cependant pour elle le premier pas marqué.

Tout avait été synthétisé : il lui fallait procéder par l'analyse ; chaque citoyen représentant un rouage particulier destiné à jouer un rôle actif dans le mécanisme général, c'était pour lui une obligation de calculer la quotité de forces qui lui était attribuée, pour la maintenir constamment en harmonie avec celle des autres éléments du même moteur; il lui fallait étudier l'ensemble du mouvement et les lois qui le règlent.

Tel était le véritable problème de philosophie sociale posé devant la nation et à la solution duquel était intimément rattaché le principe de son existence. Il est resté jusqu'à ce jour entouré des ténèbres que devaient engendrer les ambitions nouvelles mises en jeu dans un horizon élargi, exploité par les habiles, coloré au gré de leurs caprices aux yeux de masses faciles à tromper, inaptes au moins à dégager la vérité de leurs droits des théories de rhéteurs toujours plus ou moins absorbés par la pensée d'eux-mêmes. Dans le flux et reflux de mouvements pressants et contraires qu'elle était forcée de subir, la France est encore en présence d'ardeurs qui grandissent et s'étendent chaque jour d'individu à individu, de classe à classe, sans pouvoir les modérer, ou du moins leur imprimer une marche normale. C'est l'image d'un fleuve qu'on détourne de son cours et qui se précipite dans celui qu'on lui ouvre, dès que la barre qui le retenait a disparu sous l'effort continu des engins. Mais la nature a ses lois : il reprend bientôt son niveau.

L'humanité n'en admet guère et notre société particulièrement présente le tableau constant d'une lutte
contre celles qui lui sont imposées. Pour elle tout est
devenu un droit, sans que, à côté de ce droit, se soit
placée l'idée connexe de l'obligation.

Tel est le point capital, la cause première de toutes
les mésintelligences qui la divisent et en faussent les
rapports, d'élément à élément. Ballottée par des passions
multiples, elle n'a pu atteindre ce degré d'éducation
politique qui pouvait seule lui donner la conception
vraie de ses institutions et à celles-ci la prédominance
morale qui en fait la force.

Aussi la France offre-t-elle, dans son ensemble, les
symptômes croissants d'une désagrégation qui ne peut
que lui être fatale dans un avenir plus ou moins
éloigné.

§ II. — Entre le Pouvoir exécutif, agent interprète
de ses besoins raisonnés, et le Pouvoir représentatif,
organe direct de ses vœux, il existe une corrélation
d'action qu'elle a souvent méconnue. Il semble qu'elle
ne veuille pas saisir la nécessité du concours qui les
appelle l'un vers l'autre, et des efforts qu'elle doit
faire pour rendre ce concours facile, opportun. Souvent
elle a bien plutôt considéré le premier de ces deux pouvoirs comme l'adversaire du second ; celui-ci comme
l'instrument, contre celui-là, d'un contrôle inspiré,
dès l'abord, par des défiances non justifiées. — Donner
un contre-poids hostile au gouvernement, c'est-à-dire
au Pouvoir exécutif, telle est la pensée dominante dans

l'application du système représentatif en France, et je crois ici ne pas faire une critique légère.

De ce faux point de vue devaient nécessairement dériver bien des chocs qu'il eût été facile de prévenir, en se pénétrant sincèrement du mode d'action des deux pouvoirs, de l'utilité d'en combiner les effets sous l'impulsion du bon sens, de l'honnêteté. Il en est résulté une *Opposition systématique* qui paralyse l'action bienveillante du pouvoir. Et, comme contre-partie de cette opposition, dut naturellement se produire l'intervention gouvernementale sous la forme des candidatures officielles, objet des critiques les plus acerbes, en même temps qu'inopportunes ou dénuées de fondement, puisque cette intervention était une nécessité.

Il est incontestable que l'opposition où l'on trouve un esprit de contrôle judicieux, dégagé de passion, est essentielle à l'existence, à la consolidation de tout régime politique, quel qu'il soit. Elle naît des circonstances, mais n'a plus raison d'être dès que celles-ci ont disparu.

Elle est un véritable *Conseil du gouvernement*, applaudissant aux mesures qu'il propose, quand elles sont justes, quand elles répondent à des besoins reconnus; les désapprouvant au contraire quand elles n'offrent pas ce double caractère.. — Elle redresse des écarts qui seraient funestes. — Elle maintient les limites du domaine du pouvoir exécutif. — Conseiller honnête et vigilant, elle affermit les bases du pacte fondamental intervenu entre lui et la nation, dont elle protége les garanties stipulées.

Lorsque cette opposition fait défaut, les libertés publiques ne sont plus sauvegardées. On les voit au contraire bientôt compromises par l'Absolutisme naissant, qui ne manque pas, dans une période plus ou moins rapprochée, d'être funeste aussi bien pour le pouvoir lui-même que pour le pays, puisqu'une solidarité nécessaire, dans le sens philosophique du mot, associe étroitement les destinées de l'un et de l'autre.

§ III. — Les oppositions qui se sont produites dans nos législatures successives, reflet d'une partie au moins de l'esprit public, ont essentiellement présenté le caractère d'une hostilité préconçue ; et je ne crains pas de leur attribuer une large part de responsabilité dans les malheurs qui désolent aujourd'hui la France. Prenant d'abord leur origine et leur autorité dans le principe faux qui appelle et classe d'emblée le député parmi les adversaires du gouvernement, on les a toujours vues se grossir des nombreux déshérités des régimes antérieurs ou des victimes de changements de politique, hommes à vues assez étroites pour ne pas vouloir admettre qu'au-dessus de leurs satisfactions d'intérêt personnel ou des blessures faites à leur amour-propre, il est une cause supérieure, digne de toutes les sollicitudes, celle de la Patrie, du bien de la nation.

C'est donc peu de chose que de descendre avec dignité du piédestal où vous avaient placé la naissance, la fortune ou des mérites personnels appréciés et de briller encore au second rang, même dans l'exil des grandeurs! c'est donc un sacrifice bien pénible que de

faire pour son pays l'abnégation de soi-même ! Ce sont
donc de bien douces joies que l'on éprouve, quand,
après s'être appliqué à le rendre heureux, on se venge
sur lui, victime innocente, par de mesquines tracasse-
ries, d'intrigues d'antichambre, de faveurs perdues,
d'honneurs regrettés !

C'est aussi dans les rangs de l'opposition systématique que les fidèles et sonores hérauts, aux armes de
ce que l'on dit être la République, ont pris bruyamment
leur place. Il leur faut proclamer leur idéal gouvernemental comme le type vrai de la revendication des
droits du peuple, de l'émancipation de ce pauvre peuple, si méconnu, si maltraité par tout régime qui n'est
pas la république !... Les échos de la tribune, en reten-
tissant au loin, les étourdissent eux-mêmes. — « *J'ai
gagné ma journée*, » disent-ils, eux aussi, quand ils
ont porté un nouveau défi au pouvoir. — Il ne peut
être pour eux de scène plus large et plus favorable à
l'expansion de leurs moyens pervers. C'est de là qu'ils
jettent les semences de discorde, appelant à la rescousse
les vengeances du peuple, armes cachées dans leurs pu-
pitres. — Le peuple !... mais n'est-ce pas la France entière, soumise aux mêmes lois, jouissant des mêmes
droits ? — C'est là qu'ils établissent et fomentent dans
notre société une scission profonde, spéculant sur elle
pour atteindre plus facilement des sources de richesses
longtemps convoitées. — Des parias en France !... où
donc ?... Je ne vois que la nuée de parasites qui se
forme autour d'un puissant d'un jour ; je ne vois que

l'armée toujours grossissante de malheureux abusés...,
tous parias de leur république.

Tels ont été, en règle constante, les éléments de
composition de l'opposition en France. Elle ne pouvait
donc offrir cette puissance de convictions sincères qui
pourraient lui faire pardonner son intolérance.


§ IV. — Les pouvoirs qui acceptèrent les constitutions relatives à diverses époques n'eurent pas, dès le
principe, la confiance qui devait présider au contrat
synallagmatique passé entre eux et la nation. Ils furent
obligés de deviner un ennemi là où ils cherchaient un
appui. Ils firent de vains efforts pour calmer des défiances illégitimes ; ils se trouvèrent en présence d'une
alternative inévitable : ou faibles, de subir la loi d'une
minorité ; ou forts, d'incliner rapidement sur la pente
de l'absolutisme.

Les constitutions alors ne furent plus le terrain de
conciliation, mais au contraire le champ clos d'une
lutte où les adversaires, faussant les principes qui ré-
glaient leurs rapports, ne cherchèrent respectivement
que des armes agressives.

Dans ces conjonctures, la Centralisation, quand le
pouvoir l'emporte, est le phénomène expressif d'une
situation forcée, commandée par la simple logique des
faits. En effet, créé défenseur de l'ordre social, le pouvoir exécutif, s'alarmant justement de le voir menacé,
se prévalant de sa mission, doit inévitablement con-
centrer en ses mains toutes les ressources qui peuvent
en assurer l'exécution. Ses agents multiples ne seront

plus une délégation partielle des pouvoirs de la nation, mais plutôt de simples leviers d'une force qui s'impose, agissant, il est vrai, sous le couvert de l'intérêt recherché de la masse, mais sous des lois étrangères à sa volonté.

Quand, au contraire, l'avantage de la situation se dessine en faveur de l'opposition, elle devient promptement la violation flagrante de tous les droits. Elle fait progressivement des adeptes : son ardeur s'accroît en proportion du nombre et aussi des efforts faits par le Pouvoir pour le maintien de son autorité.

La catastrophe est menaçante : elle approche insensiblement... Elle n'est que précipitée par la dissolution des chambres, ressource extrême qui constitue, par sa violence même, un véritable aveu de faiblesse.

Il est curieux d'observer un phénomène qui ne manque pas de se produire en présence de cet antagonisme politique, et qui traduit bien clairement le découragement de la nation : « *la Peur des honnêtes gens.* »

On l'a toujours constatée dans les diverses phases révolutionnaires qu'a traversées la France. Nous ne sommes pas encore bien éloignés d'une époque où elle s'est traduite sous la forme particulière de désertion de deux grands corps constitués dont le devoir était d'accepter la responsabilité d'une politique qu'ils avaient soutenue ou tout au moins docilement approuvée. Ils ont disparu, trahissant leurs serments, livrant aux hasards de la rue le pays dont ils avaient brigué les suffrages avec tant d'ardeur, un trône dont ils étaient autrefois les défenseurs zélés. Les sages de l'aréopage ministériel,

pâles satellites d'un astre naguère étincelant, leur avaient
eux-mêmes éclairé la fuite. Il n'avait donc pas de cha-
leur vivifiante, cet astre auquel ils empruntaient un
peu d'éclat! La fumée des batailles, en le cachant à
leurs yeux, fit donc bien froide pour leurs membres
engourdis une nuit de terreurs ! Le dieu Plutus n'était
plus... L'homme seul restait,... et la nation... n'était
rien, rien qu'un composé dont les molécules, se heur-
tant entre elles, rendaient déjà ce son discordant qui
est un appel aux braves, un cri d'alarme pour les fé-
lons !... La France put entrevoir une fois encore les
péripéties qui allaient l'émouvoir dans toute la profon-
deur de sa masse.

La Peur des honnêtes gens représente essentiellement le triomphe de la minorité qui va s'imposer, gouvernement d'un jour, en dehors de toutes conditions de
vitalité, à la nation surprise.

En effet, sous l'empire de cette panique, le pacte qui
la relie au pouvoir est brusquement rompu ; et celui-ci,
abandonné de ceux qui devaient s'empresser pour lui
donner le soutien de leur force morale, va fatalement
tomber, victime de circonstances qu'il n'a pu dominer
et dont on ne saurait lui attribuer la responsabilité ex-
clusive. Dans le chaos des passions diverses nées de
l'opposition et rayonnant de couche en couche dans
l'atmosphère politique, la loi elle-même est méconn-
nue, impuissante, et l'autorité, qui a mission de l'appliquer, n'est plus respectée par le tourbillon qui s'é-
lève.

Ce phénomène ne se présente pas chez les nations

qui ont la conscience de leurs droits. La force d'assimilation de leurs molécules triomphe promptement d'o-
rages qui n'en troublent que la masse superficielle. Le
fond reste vivant : il n'a fait que puiser, dans un moment de trouble passager, une puissance plus grande
de fécondité. — L'*Éducation politique* était acquise...
elle n'a fait que se développer.

La France sera-t-elle indéfiniment la victime des
calculs d'une aveugle et turbulente minorité, déjà si
funeste à ses intérêts les plus chers? La verrons-nous
longtemps encore plongée dans ces alternatives anar-
chiques dont on rejette incessamment la responsabilité
sur l'édifice fondé en 89, sur les principes sociaux qui
le constituent, alors qu'elle retombe tout entière sur
ceux qui en ont faussé l'expression? Verrons-nous bientôt le jour où la nation, pénétrée de la grandeur des
conquêtes réalisées il y a quatre-vingts ans, jalouse de
leur donner une base solide, à l'abri de toute réaction,
adoptant un système politique en harmonie avec l'œuvre
d'édification, s'efforcera, en en méditant le développement, d'en recueillir les précieux avantages ; où les dif-
férents partis qui la divisent, abjurant leurs vues personnelles, faisant acte de conciliation sur le terrain de
leurs prétentions respectives, affirmeront enfin les droits
de la nation et la justice qui leur est due? — Verrons-
nous bientôt le jour où chaque citoyen comprendra,
qu'au dessus de ses intérêts particuliers, il en est un plus
grand, plus noble, plus saint, parce qu'il est la Nation
elle-même, faisant appel à toutes les ressources vives de
notre cœur et de notre foi, exigeant de nous le sacri-

fice de nos biens, de notre existence même, s'il le faut?
Alors se produira la force de cohésion nécessaire entre
les divers éléments de notre société pour en déterminer
l'unité parfaite. Alors elle pourra lever bien haut l'é-
tendard de ses libertés, signe de ralliement patriotique, et le cri de leur revendication ne sera plus un
épouvantail pour personne.

# IV

Je n'essaye dans cet ouvrage que l'analyse bien rapide et bien imparfaite de quelques-unes des circonstances qui engendrent ou accompagnent les secousses politiques en France.

Dans le but d'en prévenir la trop fréquente récidivité, on crut bon d'introduire dans nos mœurs le *Suffrage universel*.

L'ancien droit politique et les prérogatives personnelles qu'il créait ayant fait place au principe de la *Souveraineté du peuple*, il devenait du reste la consécration naturelle et caractéristique de cette importante révolution.

On sait les divers modes d'application qui furent faits du principe électif en France et les restrictions dont tout d'abord il parut utile de l'entourer. Élargi par le Suffrage universel, comment celui-ci allait-il fonctionner? sous quels aspects allait-il se présenter?

S'il est vrai de dire que, en rendant un peuple maître de ses destinées, il en constitue la force, à la condition, pour celui-ci, d'en user sainement et comme d'un corollaire de ses droits, il faut reconnaître aussi que le suffrage universel peut être un instrument dangereux, une cause d'affaiblissement social quand on le met au service des passions.

C'est donc dans l'étude théorique et dans la pratique de cette prérogative souveraine qu'il est nécessaire d'apporter le plus grand discernement politique.

§ II. — Certes, autant que qui que ce soit, je respecte les opinions individuelles; j'ai pu déplorer plus d'une fois les erreurs qui se sont fait jour dans nos diverses législatures, mais je me suis efforcé d'y toujours rechercher la sincérité de convictions qui devaient se trouver au-dessus d'elles, détournées souvent par une ardeur passionnée, étouffées par l'ignorance ou la mauvaise foi.

L'autorité que donne au député le suffrage de ses concitoyens est une loi pour ceux-ci de ne porter leurs choix que sur des hommes qui ont fait leurs preuves dans les ordres économique, législatif et judiciaire; qui se sont consacrés à l'étude du droit public; — capables de donner de l'impulsion aux sources de richesses du pays, d'en établir au moins l'équilibre constant; — d'interpréter les besoins nouveaux, de les soumettre à des règles certaines; — d'en sanctionner le respect par des dispositions qui les fixent et les protégent.

Seuls, ces hommes offriront des garanties au mandat sérieux de représentant. Devenus les organes dévoués des aspirations du peuple, ils seront au niveau de la haute mission qui leur est confiée et de la responsabilité qu'elle implique.

Qui n'est frappé, au contraire, des abus auxquels le suffrage universel a donné lieu et qui en altèrent le sens vrai ! Aussi a-t-on dit que jamais il ne pourrait prendre dans nos institutions la place qu'on lui ménagea ; que notre tempérament impressionnable y fait obstacle.

Cependant le principe étant posé, il n'est plus possible d'effectuer un retour en arrière qui le condamnerait. Il est donc urgent d'en étudier la théorie négligée pendant tant d'années, et de le dégager, dans la pratique, des circonstances qui le dénaturent.

Grand et noble effort dont les résultats sont sérieux, puisque tout l'édifice national repose maintenant sur le suffrage universel.

Essence de la liberté, il doit être lui-même libre des entraves dans lesquelles on cherche à le retenir par des considérations d'intérêt personnel ou de parti ; il réclame toute notre puissance de méditation ; il est l'expression d'une volonté pour le droit, mais aussi de la plus stricte soumission aux devoirs qui forment la loi des associations des individus entre eux et de la nation qui en est le groupe et l'assemblage plus ou moins parfait dominé toujours par la solidarité la plus profonde. Il est *l'emblème* de la *Patrie*, cet être moral qui nous

demande un concours actif, honnête et désintéressé ;
qui a fait de chaque citoyen un délégué partiel de ses
pouvoirs ; mais qui, en l'autorisant à les exercer dans
la plénitude relative de ses droits, lui impose l'obligation d'y apporter le jugement sain, la raison calme et
réfléchie qui fait entrevoir le bien de la nation toute entière et condamne toutes prétentions exclusives.

Arbre de vie politique, il exige les soins des mains
les plus exercées dans sa culture délicate.

§ III. — Or, c'est précisément dans la pratique du
suffrage universel que notre faiblesse d'*éducation politique* se révèle le plus clairement. Faut-il remonter
bien loin dans le passé pour le constater ? Est-il besoin
d'en donner comme preuves toutes les intrigues électo-
rales qui tant de fois se sont livré carrière, aussi dégra-
dantes pour ceux qui les dirigeaient que pour ceux qui
en étaient l'objectif ; tous les désordres qui accompagnent la préparation aux élections en France ? Qui n'a
légitimement désavoué toutes les élucubrations qui ont
fait explosion dans nos villes, centres plus éclairés que
nos campagnes, mais plus mouvementés, plus tra-
vaillés, plus accessibles par conséquent aux audacieuses
théories dont ont été le théâtre les fameuses Réunions
publiques, assemblées qui ne furent jamais tenues que
dans le but unique d'exercer une pression plus ou
moins funeste sur la conscience politique et l'arracher à
ses vrais accents ? Est-il besoin de rappeler l'ardeur
que les gouvernements eux-mêmes crurent devoir apporter dans la direction du sens électoral parce qu'ils

avaient la juste appréciation de notre incapacité? Parlerai-je des moyens de persuasion employés par eux à l'égard des populations des campagnes, aussi étrangères au jeu gouvernemental que peu aptes à juger des problèmes politiques sur lesquels elles étaient appelées à statuer?

Mais peut-on critiquer l'attitude des gouvernements quand, s'attachant à sauver l'ordre, ils avaient à lutter contre les violences de discoureurs acharnés à le détruire? Leur pression était légitime, nécessaire, pour contre-balancer une influence détestable, en prévenir les funestes effets sur l'élément sain encore, honnête, de nos populations rurales, dédaignées, vilipendées, parce qu'elles ont conservé le sentiment du bon sens et du vrai droit.

Qui niera que le *Droit de réunion*, si fortement réclamé, n'a eu jusqu'ici d'autre caractère que celui de la résistance au pouvoir? Ce droit est cependant l'accessoire naturel du suffrage universel; mais les mêmes circonstances qui étouffent celui-ci rendent celui-là inapplicable. Il en est de cette liberté comme de tant d'autres : pour la revendiquer, pour la proclamer, il nous faut d'abord établir que nous en sommes capables.

Qui n'a vu avec amertume, à la faveur des mouvements populaires, élevées à la dignité de *député*, des individualités sans consistance, incapables absolument de comprendre les devoirs complexes qui leur incombaient? Un mot plus ou moins heureux; un trait d'audace; le panégyrique de la rébellion; le venin distillé du pamphlet; le haro à l'autorité, dont, il faut bien le dire, certaines classes de notre société ne veulent pas admettre la suprématie; des doctrines illusoires caressant les passions, vivement présentées pour les exciter davantage et s'en faire un marchepied : telles ont été, entre beaucoup d'autres, les circonstances qui souvent ont suffi pour honorer du mandat de député des hommes qui, malgré des qualités personnelles que je ne veux pas discuter, n'avaient pas la valeur que réclament d'aussi importantes fonctions; qui, avant de prendre place dans l'hémicycle souverain, avaient eux-mêmes conscience de leur insuffisance, — j'allais dire de leur indignité!...

Mais quoi! ne sont-ils pas les élus du peuple!

Le bon sens, la saine raison protestent ouvertement contre leur présence au milieu des arbitres des destinées du pays. Forts du choix aveugle qui les y porta, ils s'en font un talisman d'inviolabilité. Impuissants au moral, la violence, l'impudeur, les excès, sont leurs armes favorites; les personnalités blessantes, leurs grands moyens. Peu leur importe le trouble qu'ils jettent dans des débats qui se prolongent en récriminations incessantes indignes d'une grande assemblée, ou en propositions vides de sens. L'imprévu avec ses émotions, qui domina leur existence, se révèle dans une manière d'être dont ils ne peuvent s'affranchir. Ils le recherchent encore : ils se sentent gênés de ne pas le retrouver dans ce milieu nouveau pour eux. Ils s'efforcent donc de l'introduire même dans la politique.

Pendant ce temps, la cause sainte du pays est négligée, si elle n'est pas compromise.

Est-ce donc là le véritable apanage de la souveraineté populaire? Il est triste de le voir dépouiller si facilement du caractère de dignité qui lui est propre. Non! ce n'est pas là le Suffrage universel, suprême et noble prérogative d'un peuple instruit, éclairé, qui a conscience de ses droits! Faussement interprété, il est resté l'instrument des divers partis qui nous divisent et nous affaiblissent, l'auxiliaire des passions qui les animent les uns contre les autres, l'occasion des intrigues favorables au succès de leurs causes respectives. Il est devenu la *négation* de lui-même. Ce n'est qu'un jeu de coteries où l'avantage reste au plus offrant d'illusions dont l'évanouissement ménage tant d'amertumes à notre société.

Ineptie, mauvaise foi, pression, vaines théories subversives de l'ordre le plus naturel dans les choses, mais flatteuses pour les masses ignorantes ou abusées devant lesquelles on les développe : tels sont les incidents que présente l'histoire du suffrage universel en France et qui l'empêchent d'être l'expression directe des vœux de la nation.

Il est temps de le rendre à son vrai caractère, de lui ménager les respects qui lui sont dus, sans lesquels il ne sera bientôt plus pour la souveraineté nationale un moyen de s'affirmer, mais simplement une lettre morte dans un langage incompris.

§ IV. — N'a-t-il pas déjà dans son crédit subi des atteintes profondes par l'*indifférence et l'abstention?* Ces phénomènes ne se sont jamais produits avec plus d'intensité que dans les moments solennels où c'est un devoir pour tout citoyen honnête et éclairé de faire acte de ses droits pour réagir contre l'oppression des masses turbulentes. Autres symptômes de découragement plus funestes que la *peur des honnêtes gens*, par cela seul qu'ils embrassent un nombre plus considérable d'individus, on les observe particulièrement dans l'antagonisme du Pouvoir et de l'Opposition, dans la contention des partis, laissant au plus hardi la voie ouverte.

Ce n'est encore que l'éducation politique qui pouvait corriger ces deux erreurs dans la pratique du suffrage universel.

§ V. — Quoi! parce que la nation pressent la rupture prochaine de l'équilibre, parce qu'elle redoute la secousse qui en résultera, elle ne croit pouvoir les prévenir plus heureusement qu'en abdiquant ses prérogatives entre les mains du pouvoir lui-même, préférant se reposer aveuglément de ses destinées sur la force qu'elle invite, qu'elle sanctionne! — Elle n'apportera plus dans ses fonctions politiques l'entrain, l'initiative dont elle se montrait naguère si jalouse, et qui forçaient le pouvoir de compter avec elle!...

Au lieu d'examiner la situation avec l'intention ferme de la modifier, s'il y a lieu ; au lieu de contrôler la politique du gouvernement, d'analyser la tension des rapports entre les deux éléments qui le composent, elle préfère se soustraire aux débats qui les séparent.

Elle adopte la ligne de l'*indifférence politique ;* elle appuie quand même de ses votes le pouvoir.

Craintive dans le présent, elle redoute l'avenir et ferme les yeux pour ne point voir! — Quel abîme elle se prépare pour le jour où la lumière se fera pour elle, à la faveur d'une collision suprême! — Car, en accordant servilement et par une faiblesse coupable au pouvoir le concours qu'il demande, il se peut qu'elle ait affaibli ses efforts contre l'opposition, qui s'aigrira davantage d'un succès illégitime à ses yeux et deviendra peut-être imposante quand même. En discutant ses faveurs au pouvoir, elle leur eût donné plus de prix et largement accru la prépondérance de celui-ci.

C'est surtout au sein des populations des campagnes que se produit l'indifférence politique. Là, le paysan est absorbé par les labeurs de la terre et l'intérêt matériel qui en est la fin. Pour lui, le gouvernement est idéalisé dans la personne du député qui a vécu près de lui; qui, avant d'arriver à la législature, avait acquis sur lui l'ascendant que donnent la fortune ou des fonctions administratives locales. Plus que l'habitant des villes, il a subi le contre-coup des secousses politiques; il veut, à tout prix, le calme qui lui promet la rémunération de ses fatigues. Il en trouve le gage dans l'appui qui est le plus rapproché de lui, qu'il connaît, qu'il estime; mais il serait superflu, la plupart du temps, de lui demander dans quelles conditions politiques le député est appelé au centre du gouvernement.

Dans son indifférence au point de vue de ses droits, qu'il sacrifie pour le triomphe du calme, il se contente

d'adopter la ligne politique qui lui est indiquée comme
la plus favorable à ses intérêts, le plus souvent même
imposée par une habile pression du gouvernement que,
de la sorte, il constitue juge et partie dans la même
cause. Il n'apprécie pas le danger qu'il y a de s'isoler
de la part d'action directe qui lui incombe comme citoyen : il fait abstraction de ses prérogatives constitu-
tionnelles, il satisfait à une obligation qui n'est que
facultative, sans y apporter l'esprit d'examen, de discussion : il suit l'impulsion donnée.

Il n'en faut accuser que son manque d'*éducation politique*. Mais comment lui en faire un crime alors qu'il
ne reçoit encore qu'imparfaitement les premiers éléments de l'instruction? — Autre question qui appelle
toutes les sollicitudes des gouvernements, soins que
pourrait d'ailleurs heureusement suppléer l'initiative
individuelle; et celle-ci, plus directe, n'en serait que
plus fructueuse.

Mais combien l'indifférence politique n'offre-t-elle
pas de dangers plus sérieux quand elle se présente au
milieu des populations urbaines! Centres plus éclairés,
l'esprit de contrôle y est plus dégagé. Ce sont elles qui
représentent le plus fidèlement les tendances nationales, c'est sur elles aussi que se reportent les études
spéciales du pouvoir. Ici, le député est l'expression
réelle du mouvement dans les idées, mobiles comme les
circonstances qui les produisent. Il personnifie véritablement un principe.

On a dit qu'il est de l'essence des constitutions d'être
perfectibles ; il n'est pas moins exact de dire aussi

que c'est des populations des villes qu'on a le droit d'exiger une éducation politique plus approfondie. C'est pour elles une loi de s'attacher davantage à l'étude du jeu gouvernemental, de se montrer fermement convaincues de la nécessité d'exercer leurs droits politiques dans les limites du vrai et du juste qui tempèrent les passions.

On ne peut malheureusement pas constater qu'elles aient encore réalisé ce progrès.

La divergence, le choc des opinions, la vivacité de leurs tendances, où l'on rencontre visiblement l'influence du tempérament français, l'esprit de discussion qui revêt des formes plus variées, des couleurs plus accentuées, sont autant de circonstances qui élargissent le conflit électoral, engendrent des excès que désavouent les citoyens honnêtes, pénétrés de la grandeur et de la dignité de l'acte électif.

Le sentiment de la conservation de l'ordre produit au milieu d'elles exactement le même résultat que dans les campagnes, quoique le point de vue ne soit pas le même et n'implique aucun intérêt matériel. Les populations restent *indifférentes*, — et quand même elles n'ont pas de sympathies pour l'ordre de choses établi, elles préfèrent le maintenir, sans essayer de donner au pouvoir de salutaires enseignements. Elles aussi acceptent le *statu quo*, elles l'appuient de leurs suffrages. Je puis les en blâmer sans, pour cela, me faire l'adepte des idées révolutionnaires qui me répugnent. Pourquoi ne protestent-elles pas, par leurs choix honnêtes et indépendants, contre une politique qui ne répond pas aux intérêts bien compris de la nation?

§ VI. — Mais si l'indifférence, dans l'exercice du suffrage universel, offre des dangers réels, que ne dira-t-on pas de l'*abstention*?

Toutes deux sont véritablement un acte de trahison envers le pays, car les indifférents et les abstentionnistes lui refusent le concours de leur bonne volonté. Mais l'abstention est essentiellement un crime de lèse-nation, puisqu'elle abandonne peut-être le pays en face de camps opposés.

C'est au moins le *nec plus ultra* de l'imperfection politique, la négation la plus évidente des droits constitutifs du citoyen, la renonciation la plus flagrante au plus sacré de ses priviléges. Elle est souvent le produit de l'ignorance ou de l'erreur, mais surtout de l'orgueil ou de l'égoïsme de parti, stéréotypés par les mots : « Je n'approuve pas la politique du gouvernement et je m'abstiens. »

Est-il donc permis à un membre d'une communauté de substituer son individualité et ses satisfactions personnelles au corps, à l'intérêt de la masse et de se tenir à l'écart des institutions qui en ont le bien-être pour but?

C'est surtout en présence des mésintelligences des pouvoirs exécutif et représentatif qu'il faut flétrir l'abstention; c'est, plus que jamais alors, pour les bons citoyens, un devoir de faire à leur pays l'apport d'un concours dévoué et le sacrifice de leurs sympathies, car, par leur silence, ils assument certainement, ainsi que les indifférents, une part de responsabilité dans les malaises sociaux. Ils contribuent, qu'ils ne l'ignorent pas, à laisser le champ libre à ce que l'on a appelé « le Parti avancé, » organe de réformes rêvées par des cerveaux inventifs, souvent inadmissibles, mais toujours appuyées par les grands mots illusoires de discoureurs infatigables.

On les entend déplorer dans l'ombre des excès dont ils sont, sans s'en douter, les complices; car ils ont négligé de faire acte d'opinion, n'eût-ce été qu'en se rangeant du côté de l'opposition honnête, si les circonstances le demandaient. Mais ils préfèrent abdiquer celle de leurs prérogatives qui est la plus précieuse, puisqu'en l'exerçant, ils pouvaient coopérer à sauvegarder l'ordre et le droit. Approuvent-ils la politique du gouvernement dans son ensemble, bien qu'il ne réalise pas leurs préférences, ils font acte de trahison envers leur pays en ne donnant pas à l'autorité établie l'autorité dont elle a besoin.

§ VII. — Je n'ai jusqu'ici envisagé le fonctionnement du suffrage universel que dans les rapports de la nation vis-à-vis du pouvoir exécutif, spécialisés par les élections à la Chambre représentative. Son action s'étend à bien d'autres actes politiques dans lesquels il est facile de constater que l'indifférence et l'abstention l'atteignent non moins profondément, de sorte que l'on s'est demandé s'il répond à un besoin vrai de la nation, si ce n'est pas une erreur de la croire jalouse des prérogatives qu'il constitue.

Dans les pays de monarchie constitutionnelle, où l'action du suffrage est cependant moins généralisée, on

ne rencontre certainement pas l'apathie politique dont
nous donnons de si fréquentes preuves.

§ VIII.— L'indifférence et l'abstention sont incompa-
tibles, à quelque degré, dans quelque circonstance que
ce soit, avec le principe électif reconnu comme base de
notre édifice politique, avec le suffrage universel surtout, qu'elles infirment toutes deux.

Et si ce principe ne s'est pas largement développé
dans nos mœurs, il n'en faut chercher la cause que dans
les turbulences incessantes du parti que je considère
comme le principal auteur des malheurs de la France,
qui se posant comme l'unique et réel défenseur de la souveraineté du peuple, se prévalant de cette prétention,
pour leur faire échec, contre tous pouvoirs institués en
dehors de ses aspirations personnelles, a l'audace de vio-
ler ouvertement cette souveraineté par l'intolérance de
ses opinions exclusives.

Je n'en vais pas chercher la preuve ailleurs que dans
ces mots pompeux échappés à l'un des plus ardents,
sinon des plus convaincus champions de ce parti :

« S'il est, dit-il[1], une institution qui ait par essence un caractère non provisoire, c'est assurément la
République : elle est la forme, je ne dirai pas naturelle
mais nécessaire de la souveraineté du peuple. Le *suffrage universel lui-même ne peut rien contre la Répu-
blique*. .    .    .    .    .    .    .    .    .    .    .    .    .    .    .    .
.    .    .    .    .    .    .    .    .    .    .    .    .    .    .    .    .    .

--------------------------------------------------------------------

[1] Séance du 17 février 1871 de l'Assemblée nationale, à Bordeaux.

parce que, établissant l'hérédité monarchique, il se suiciderait et perdrait sa raison d'être. La République n'a donc pas besoin d'être reconnue pour exister : elle est comme le soleil : aveugle qui ne le voit pas!!!!! »

Est-il besoin de commenter ces paroles pour y trouver la protestation la plus flagrante contre la souveraineté du peuple, qu'on ne juge même pas digne d'être consultée, l'escamotage le moins logique, le plus révoltant de son organe suprême « le *suffrage universel?* »

Mais faut-il s'en étonner?.....

« Il se suiciderait!..... » Mais, n'est-ce pas vous qui lui portez les coups les plus terribles, quand, étourdis par votre puissance passagère et usurpée, vous édictez, par la plus insigne injure à son caractère sacré, la dissolution de conseils, d'assemblées départementales émanées de lui, dont le contrôle vous eût gênés?

N'est-ce pas vous qui le tuez, hommes aux fallacieux discours, de crainte qu'il ne fasse revivre les monarchies, fantômes dont les ombres mêmes vous éblouissent et vous aveuglent, et se dressent devant vous en accusateurs, vous redisant toutes les gloires de la vieille France, que ne peuvent égaler vos mesquines installations républicaines?

Quoi! vous ne voulez pas voir que son vrai génie lutte contre vous? Mais il brave vos vaines tentatives, et tôt ou tard, il vous forcera de retomber dans l'oubli.

Alors il apparaîtra, brillant de cet éclat, que vous avez la prétention d'emprunter au soleil pour en parer ce que vous appelez votre République, *reflet négatif d'un assemblage supérieur d'idées et de vertus* dont vos

doctrines sont aussi éloignées que vous l'êtes vous-
mêmes de l'astre qui imprime la vie.

Sous l'influence bienfaisante de ce génie retrouvé,
la France, abusée longtemps, rendue enfin à ses destinées, verra ses institutions, menacées par vous de ca-
ducité, se développer, au sein d'une ère de calme pro-
tecteur, sous l'impulsion du suffrage universel et son
action redevenue vraie.

V

Il appartenait à la *Presse*, pionnier vigilant de tous progrès, de se faire l'interprète intelligent du grand mouvement qui s'était opéré dans la société française. C'est à elle que revenait l'initiative de l'esprit d'analyse, levier indispensable pour soulever le poids des obscurités qui, par la force des choses, allaient opprimer les libertés naissantes. C'est avec son concours que celles-ci pouvaient se développer, bien comprises sous son influence honnête, et s'introduire graduellement dans nos mœurs politiques pour y opérer la rénovation posée en principe.

Il lui appartenait de se faire l'éclaireur de la nation surprise, et de faire ressortir à ses yeux les avantages et les dangers, contre-partie pour ainsi dire obligatoire, qui découleraient pour elle des modifications apportées dans son existence, suivant qu'elle en ferait une

saine application ou qu'elle s'écarterait des règles de
bon sens et de vérité.

Si, par son contact quotidien avec les masses au sein
desquelles elle pénètre, la presse est l'organe naturel
de besoins qu'elle perçoit, elle doit être aussi le juge
impartial des efforts accomplis pour les satisfaire. C'est
donc elle qui devait, dans notre *Éducation politique*,
jouer le rôle le plus considérable, en expliquant le
système gouvernemental et la part d'action comme de
responsabilité incombant à chaque citoyen dans l'ordre
politique.

Telle était sa mission en présence de la révolution :
telle elle est aujourd'hui encore, puisque les institutions doivent nécessairement varier avec les temps qui
en font l'expérimentation.

Mais cette mission, aussi noble que délicate, acciden-
tée des nombreux écueils jetés sur sa voie par la faiblesse ou l'orgueil humains, elle ne pouvait la remplir
dignement qu'en se dégageant elle-même, pour leur
imposer silence avec plus d'autorité, des passions qui
remuent vivement les masses. Intermédiaire direct
entre les institutions et le peuple, elle devait s'inspirer
la première du plus profond respect pour les principes,
leur ménageant ainsi celui de la nation; puis stimuler
de bonne foi l'étude et la pratique des droits nouveaux
dans les limites du juste; condamner les tendances
abusives des imaginations ardentes dont l'intérêt personnel est le seul mobile.

Alors qu'elle se montre si avide de libertés, n'est-ce
pas témérité de ma part d'examiner si elle n'a pas més-

usé de celles qui lui avaient été octroyées, fournissant ainsi le témoignage de son inaptitude à les pratiquer dans des limites plus larges ; si, par son intempérance, elle ne compromet pas chaque jour l'ensemble des prérogatives du peuple lui-même, qui en a conscience, en gémit et en souffre ?

Le silence, dit-on, est la vertu des sages. Je l'adopterais volontiers s'il suffisait de si peu pour prendre rang parmi eux. Mais profondément convaincu des dangers dont elle entoure nos intérêts collectifs, je ne crains pas de braver ici encore des critiques sévères qui ne feront que donner à ces lignes un cachet de vérité.

§ II. — Je les attendrais tout d'abord de ces feuilles quotidiennes, ennemies de tout ce qui est ordre et loi, dont la publicité n'a d'autre but que le bouleversement social, d'autre caractère que celui d'une spéculation déshonnête dont elles cherchent le succès en caressant les passions mauvaises, en dirigeant leurs viles attaques de ridicule contre les principes les plus saints, dignes des respects de tous.

Le bon sens politique ou moral, la bonne foi, l'honnêteté sont bannis de leurs colonnes. Elles ne l'ignorent pas ; et, dans le fond de leurs officines, elles se rient de l'aveugle crédulité de ceux qui les lisent. Peu leur importe de fausser l'opinion qu'elles n'apprécient qu'au poids des centimes. Elles fomentent la discorde et jouissent de leurs œuvres.

Absolument incapables de comprendre les grands problèmes sociaux, ou bien affectant de n'en pas vou-

loir rechercher le côté pratique, elles n'en abordent
l'étude qu'en éliminant d'abord avec soin les principes
qui les gênent. Elles semblent vouloir anéantir les droits
qui en découlent, en s'emparant, pour en nier l'existence, des restrictions qui en font la force.

A côté d'un droit n'est-il pas, comme corollaire indispensable, un devoir ? Elles répudient celui-ci et pré-
tendent n'accepter que celui-là.

C'est là cette presse que l'on voit prospérer en
France au désavantage de celle qui ne pourrait lui donner que de salutaires enseignements. N'ose-t-elle pas se
présenter comme le défenseur vrai, le gardien intègre
de nos libertés, comme la base essentielle de tout
l'ordre social, — chétif Atlas d'un monde qui s'écrou-
lerait sur ses épaules, s'il parvenait à s'y former !

Elle se multiplie chaque jour sous les formes et les
noms les plus significatifs, pamphlets ou journaux,
ressouvenirs de ce que ses ardents lecteurs appellent
« *le bon temps*, » feuilles aux doctrines hardies, auxi-
liaires puissants des théories qui menacent sans cesse et
de plus en plus notre société. L'intolérance est donc
son caractère dominant.

L'accueil qui lui est fait est un phénomène bien
attristant de notre époque !


§ III. — En présence de ses violences, que devien-
nent les grandes vérités politiques qui s'offraient à nos
méditations. La presse honnête s'efforce en vain de
leur préparer la lumière ! Elle ne cherche ses auxi-
liaires que dans le calme intellectuel et la froide sagesse

qui peuvent seules assurer le triomphe des idées saines qu'elle a mission d'interpréter.

Agissant d'abord dans le cercle des libertés qui lui sont nécessaires pour se mettre en rapport parfait avec le public, elle n'a pas le langage à grand effet des vides et dangereux assembleurs de mots. Ne parlant qu'au bon sens, elle frappe moins dans son langage mesuré. Elle reste délaissée. A qui faut-il en faire le procès, sinon, il faut bien l'avouer, à la légèreté de notre esprit?

Ses articles de doctrine, on les lit peu ; souvent même on ne les lit pas ; et je suis exact en disant que beaucoup de personnes n'en achètent un exemplaire que dans l'espoir d'y trouver des nouvelles à sensation, les faits du jour... Que de gens ne connaissent que de nom la machine gouvernementale et en résument toute la substance dans la simple nomenclature des pouvoirs qui la composent ! Les attributions des uns et des autres, le contre-poids réciproque qu'ils doivent exercer entre eux, l'harmonie qui en résulte, sont autant de notions que l'on peut demander à la presse honnête, qu'on y trouve, mais qu'on néglige. Elle reste en défaveur, parce qu'elle ne fait appel à aucune passion, mais uniquement au raisonnement froid et réfléchi.

§ IV. — Pendant ce temps l'autorité s'émeut des entreprises dangereuses de ce que j'appelle la « *presse secondaire* » contre nos institutions. Elle se sent forcée d'arrêter un courant qui envahit de plus en plus la société, jusqu'à ce qu'enfin elle arrive à la nécessité d'interdire, d'une manière générale, même la discussion modérée sur les questions de constitution et leur interprétation.

Apparaît de la sorte le premier indice d'une mésintelligence qui engendrera plus tard une lutte funeste à l'équilibre général et qui ne manquera pas de provoquer bientôt l'arbitraire. En effet, la presse subit progressivement, dans sa liberté, des atteintes qui la froissent, et le conflit fréquent qui éclate entre elle et l'autorité détermine insensiblement une aigreur de langage qui l'entraînera vers l'esprit d'opposition.

Nous touchons alors au moment où, honnête et consciencieuse au début, elle va trahir sa mission. De conseil éclairant, de conciliatrice qu'elle devait être, qu'elle avait été, elle devient éminemment provocatrice : sortant de la modération qui doit être son premier devoir, elle jette la perturbation dans les esprits ; elle se fait instrument d'agression contre les institutions qu'elle devait être la première à respecter. Puis, bientôt, franchissant la distance qui les sépare de l'autorité chargée d'en assurer le fonctionnement, elle devient l'ennemi de cette autorité elle-même, dont elle nie la légitimité *au lieu d'en rester l'auxiliaire* : elle se fait l'écho des insinuations malveillantes de l'opinion qu'elle incite.

Qu'on ne dise pas qu'elle n'a pas conscience du trouble qui pourra résulter du changement qui s'opère dans ses allures politiques ! Victime indirecte de mesures devenues urgentes contre des sophismes qu'elle avait elle-même condamnés tout d'abord, elle croit devoir faire cause commune avec les feuilles de la presse secondaire qui les avaient émis. Elle accepte sciemment une solidarité dans la répression, à l'abri de laquelle il lui eût été facile de se placer en restant toujours dans la voie qui lui était propre, en faisant promptement raison des causes qui la motivent. Elle en discute avec violence la légalité par des arguments qui ne peuvent que se briser fatalement contre l'autorité de la loi et la rigueur des principes.

Sur la pente d'indépendance où elle s'est engagée elle entraîne forcément l'opinion, dont elle augmente l'impressionnabilité; et la revendication des libertés de la presse redevient, dans le public, le thème constant de doctrines qui excitent les passions et provoquent des susceptibilités inopportunes.

Elle avait cependant pour mandat de travailler à les calmer.

§ V. — Combien désastreuses sont les conséquences qui résultent de ces dispositions de la presse en présence des luttes politiques intérieures ! Au lieu de s'efforcer d'atténuer la tension des rapports entre les pou_voirs, d'en pallier l'effet sur le public impressionné ; au lieu de maintenir et d'affirmer les principes, elle intervient avec avidité dans des débats assez alarmants déjà par eux-mêmes. L'intérêt de tous s'efface devant ses griefs personnels ; elle s'empare de l'occasion qui se présente de les libeller avec force, et c'est dans les rangs de l'Opposition, dont elle embrasse l'ardeur, qu'elle cherche ses plus chauds défenseurs.

Patronnée par eux, elle a jeté le gant au pouvoir, et dans ses articles de chaque jour, principalement à l'époque de nos législatures, on la voit renouveler incessamment son défi et le porter jusqu'à la tribune, tentant ainsi de rallier l'opinion publique à sa cause.

§ VI. — Mais quelles sont donc ces libertés que la Presse revendique avec tant de passion? sont-elles si essentielles que son existence en dépende, qu'en leur absence elle ne puisse rendre les services qu'on était en droit d'attendre d'elle?

Je sais qu'il est certaines mesures administratives dont elle voudrait être affranchie. Je sais qu'il est des pays où la presse est à l'abri des restrictions et de la contrainte auxquelles elle est soumise en France; mais pourquoi? Par cette raison simple que dans ces pays, en Angleterre, par exemple, il est des dogmes, politiques ou autres, que le sens public place au-dessus de toute attaque; que honnie serait la feuille ou la publication qui voudrait les atteindre. C'est que, là, le respect, dans l'ordre moral comme dans l'ordre politique, est une vérité fondamentale. Il n'exclut cependant pas l'esprit de discussion qui, au contraire, y est librement pratiqué. On critique aisément l'application d'un principe, mais celui-ci reste intact; on analyse, mais on ne sape pas; on exerce un droit, mais on n'en abuse pas. Et lorsque j'entends la presse française invoquer les libertés anglaises, je me demande de bonne foi si elles sont compatibles avec son caractère, avec le désac_ cord qu'elle présente dans son ensemble sur l'interprétation des principes, quand surtout elle les néglige ou qu'elle les ébranle sans répit.

Mais pour obtenir des concessions dont elle se montre si jalouse, n'est-il pas de voie meilleure que l'aigreur et la violence ? N'est-ce pas par le calme de la raison convaincante que les vraies libertés s'affirment et que leurs limites peuvent salutairement s'étendre ? Puisse-t-elle bientôt reconnaître cette vérité et dire enfin à la nation tout entière :

« Assez longtemps j'ai méconnu le concours que je vous dois pour vous éclairer et cimenter entre le pouvoir et vous une union durable. Au-dessus de nous tous planent des principes immuables : travaillons ensemble avec confiance et de bonne foi à les dégager des nuages qui les enveloppent encore. »

Alors la voie des libertés s'élargira devant elle. Alors elle reprendra son véritable rôle, celui qui réclame toutes ses sollicitudes. C'est pour ne l'avoir pas compris qu'elle nous donne, depuis près d'un siècle, le spectacle de convulsions dont la France souffre avec elle. C'est pour s'être mise au service des passions ou des partis qui nous divisent qu'elle a puissamment contribué à perpétuer des secousses dont on ne saurait encore entrevoir le terme ; à compliquer les problèmes sociaux, dont elle aurait pu, mieux intentionnée, faciliter la solution, en y préparant sincèrement les masses.

C'est en dérogeant chaque jour à son caractère essentiel, en poursuivant la conquête de libertés plus larges, alors qu'elle ne sait pas même user de celles dont elle jouit ; c'est de la sorte qu'elle menace de ruine tout notre édifice politique et que les conditions d'équilibre nécessaire sont constamment remises en question.

Sous son influence délétère, les factions sont devenues de plus en plus turbulentes, la communauté d'action des pouvoirs impossible, leur antagonisme inévitable. Aussi la nation inquiète sent que ses droits sont compromis par celle qui en était l'organe naturel. Elle se demande même si le suffrage universel, qui en est le type suprême, n'est pas devenu, grâce à son action déshonnête et abusive, la cause déterminante de beaucoup de ses maux; s'il ne serait pas préférable de le voir définitivement rayé de la liste de nos droits politiques.

# VI

Beaucoup d'autres, avant moi, ont observé les causes manifestes de nos agitations politiques et les phénomènes qui les accompagnent. Ils peuvent, dans leurs appréciations, ne pas se rencontrer avec moi ; mais c'est, à mes yeux, un fait incontestable que notre *éducation politique* a d'immenses progrès à faire.

Dans les théories multiples qui se sont fait jour, il semble établi que l'esprit français est incompatible avec le système de libertés qu'on rencontre en Angleterre, en Belgique, en Suisse et surtout en Amérique.

Je n'ai pas l'intention de m'étendre sur le mode gouvernemental de ces pays. Cette étude sortirait du cadre restreint que je me suis tracé ; elle serait d'ailleurs, je l'avoue, au-dessus de mes forces. Je veux seulement établir que je ne puis admettre une proposition bien souvent émise devant moi.

On a dit : *Il faut à la France un pouvoir fort qui impose à la nation une volonté sans conteste.*

N'est-ce pas là l'image du pouvoir absolu ? Il me semble de toute évidence que ce pouvoir est essentiellement contraire à nos aspirations les plus légitimes. Ce serait du moins la négation parfaite de tous les avantages que nous devons à la Révolution de 89.

' Il faut reconnaître toutefois que la France eut, sous l'absolutisme, de belles périodes de prospérité, réelle ou apparente ; mais combien des règnes qui ont offert ce caractère lui ont été funestes ! L'histoire ne nous retrace-t-elle pas les désastres qu'elle subit après eux et de leur fait, les amertumes qu'ils lui réservèrent ? Ce sont des époques d'asservissement où la nation, atrophiée en quelque sorte par la volonté du maître, perd toutes ses qualités essentielles, la conscience de sa vie sociale, l'élasticité d'intelligence politique. La situation se dessine nettement dans le fameux mot : « L'Etat, c'est moi, » idée que l'on pourrait parfaitement compléter en disant : « et la nation n'est rien. »

Inerte pour ainsi dire, tant que ce pouvoir prévaut, que devient-elle en effet lorsque l'individualité n'est plus qui résumait toutes ses forces vitales ? — Elle ne trouve plus la pensée ; elle est impuissante de cette concentration intellectuelle qui donne de la stabilité aux institutions. Le chaos qui l'entoure l'effraye : elle s'agite éperdue à la recherche des principes vrais qui règlent son existence. Qu'on me pardonne l'expression : elle a *horreur du vide* qui s'est fait autour d'elle et de l'imprévu qui l'attend, quand elle voudra récupérer ses droits. Elle reste livrée au provisoire jusqu'au moment où certaines circonstances viendront enfin fixer ses destinées pour un temps plus ou moins long.

Tel est le phénomène que nous présente, à différentes reprises, l'histoire de l'absolutisme et de ses conséquences.


§ II. — Il faut à la France un Pouvoir *fort*, c'est vrai. Elle l'aura trouvé le jour où le faisceau des institutions qui la régissent sera inébranlablement consacré par l'unité de sentiments politiques qui crée le patriotisme ; le jour où elles seront accueillies avec le respect qu'elles imposent, avec l'intention de fidélité qu'elles réclament ; — où le système gouvernemental, fonctionnant suivant des règles certaines, édictées suivant les aspirations de la nation et sanctionnées de bonne foi par elle, présentera l'harmonie la plus parfaite entre les éléments qui le composent.

— Le pouvoir sera *fort*, quand l'Exécutif et le Représentatif, coopérant honnêtement à l'expansion et au développement des vérités fondamentales de notre société, se montreront avides de maintenir l'équilibre de leurs forces respectives, s'éclairant l'un et l'autre, se faisant réciproquement des concessions indiquées par les circonstances ; — quand l'Opposition abdiquera toute idée de système qui trouble, égare les esprits et neutralise l'action bienfaisante du gouvernement ; quand elle ne se préoccupera plus que de l'interprétation vraie des principes nécessaires de notre famille politique ; lorsqu'elle s'en constituera le gardien tutélaire en rentrant dans les voies de la légitimité. Alors en effet elle sera réellement pour le gouvernement, pris dans son ensemble, un « conseil de vérité et d'honnêteté » et un contre-poids de salutaire garantie pour nos libertés, dont elle se fera le promoteur utile et sincère.

— Le pouvoir sera *fort* quand tout l'édifice, ainsi consolidé dans sa base, deviendra le point central de tous les bons vouloirs, le temple de la conciliation; quand la nation, s'appliquant consciencieusement à se pénétrer des règles constantes qui dominent l'ordre social, les agréera comme raison première de son être, comme sa substance même; quand elle envisagera avec un juste esprit d'examen l'ensemble de ses droits établis, comme aussi des obligations qui en découlent; quand elle en saisira le caractère de réciprocité.

— Il sera *fort*, quand la Presse honnête, comprenant les limites que son action ne peut franchir, redeviendra le guide fidèle de l'opinion publique; quand elle s'attachera à exploiter le domaine de ses libertés, les appliquant à expliquer et développer celles du peuple lui-même sans les compromettre. Alors la presse secondaire deviendra impuissante; elle s'épuisera vainement dans ses tentatives désavouées de subversion.

— Il sera *fort*, parce que les Honnêtes gens s'empresseront autour de lui, avides de lui donner leur concours actif et désintéressé; condamneront tout esprit de parti qui voudrait le tenir en échec, lui faisant eux-mêmes volontiers le sacrifice de sympathies personnelles d'un autre temps, et stigmatisant la soif des honneurs ou des intérêts matériels qui est devenue l'indice certain d'une démoralisation déplorable, en ce qu'elle substitue les calculs d'égoïsme au sentiment de la collectivité et des services dévoués qui lui sont dus.

— Oui, ce pouvoir sera véritablement *fort*, parce qu'il sera l'expression vivace des vœux de la nation qui le protégera; parce que, émanant de sa volonté, ceux qui en seront les délégués la verront, sans y trouver ombrage, se livrer sans arrière-pensée à l'exercice le plus large de ses droits affermis.

Mais ne me bercé-je pas ici d'illusions en contemplation de théories impossibles? Pour les transporter dans le domaine de la réalité, il suffit du *bon sens*, et nous semblons vouloir lui rester rebelles.


§ III. — Ce Pouvoir, quel est-il? se présente-t-il sous une forme particulière de gouvernement, « République ou Monarchie? »

Il est l'ensemble de toutes nos institutions elles-mêmes, sagement coordonnées ; — puis étudiées, — comprises, — respectées, — groupées dans une constitution qui en devient l'essence et qui leur emprunte forcément le caractère de stabilité et de durée qu'elles offriront elles-mêmes.

Ce pouvoir, c'est la *Constitution*, principe supérieur au peuple qui l'édicte comme au gouvernement qui lui jure sa foi.

Il est donc plus exact de dire que ce qu'il faut à la France, c'est une constitution *forte* par les institutions qu'elle fixera; par la bonne foi, le bon sens, la conscience du peuple qui l'agrée; par l'harmonie parfaite des éléments qui l'appliquent, par l'ensemble de leur action, l'accord de leur direction.

Il ne faut pas chercher ailleurs la raison de vitalité des gouvernements anglais, belge, suisse et surtout américain. Pour eux, comme pour les peuples qu'elles régissent, les constitutions sont l'*ultima ratio*. — Aussi les voyons-nous fonctionner dans toutes les conditions de force et de durée que j'ai indiquées.

§ IV. — De ce qui précède il est facile de déduire quel est le régime gouvernemental qui s'adapterait le mieux aux besoins de la France.

Est-ce la *République* ou la *Monarchie constitutionnelle ?*

Disons de suite, d'après l'enchaînement des idées que j'ai essayé de présenter, que bien faible apparaît la distance qui sépare ces deux modes de gouvernement. Elle consiste dans un mot, *l'hérédité*, qui semble incompatible avec l'indépendance du suffrage universel et les principes républicains. L'avenir nous réserve peut-être de voir s'établir une transaction sur ce chef important.

§ V. — Il a été fait en France plusieurs essais de République. Ils sont restés infructueux parce que toutes les conditions de vitalité du pouvoir, tel que je viens de l'envisager, ne s'y rencontraient pas; parce que la république est essentiellement le régime qui exige la plus sérieuse *éducation politique*, et que nous ne nous sommes pas appliqués à développer la nôtre.

Je veux toutefois rendre justice au dévouement des

hommes qui vont une fois encore tenter de nous façon-
ner aux mœurs républicaines. Dans l'œuvre qu'ils en-
treprennent, ils se laissent inspirer par un sentiment
de noble patriotisme ; mais je suis inquiet du *provisoire* auquel ils veulent soumettre la France, déjà si
éprouvée par l'absence de tout pouvoir régulier depuis
le 4 septembre 1870. Heureuse, s'il n'en doit pas résulter pour elle des complications intérieures plus funestes peut-être, par leurs conséquences, que l'invasion
allemande, puisqu'elles compromettraient l'ordre et le
crédit!!

J'ai regret, qu'ils me pardonnent de le dire, qu'ils
n'aient pas cru préférable de convoquer la nation dans
ses comices, afin qu'elle pût manifester librement ses
volontés au sujet de son mode gouvernemental d'adop-
tion. J'entrevois bien des périls dans cet oubli des
égards qu'ils doivent au suffrage universel. Ne semblent-ils pas vouloir le négliger en différant de lui faire
appel? ne semblent-ils pas autoriser de la sorte les
prétentions exclusives du parti républicain, qui veut
s'imposer à l'encontre, peut-être, des vœux de la majorité de la nation? Je souhaite de les voir à l'abri de
toute récrimination dans l'avenir et de la lourde responsabilité qu'ils auront assumée.

Quoi qu'il en soit, je dois admettre leur bonne foi ;
mais j'ai bien peur que leurs efforts ne restent stériles
s'ils ne sont pas secondés par celle de tous ; s'ils sont
privés du concours désintéressé dont ils auront besoin ;
si, dans les institutions qu'ils doivent s'empresser de
nous présenter, on ne cherche pas à découvrir les véri-

tés qui en seront la base ; si ces institutions ne sont interprétées par le parti républicain que comme une invite à des exigences croissantes. Je doute de leur succès, si la nation ne se dégage pas de cette espèce de torpeur qu'elle a présentée jusqu'ici, pour l'exercice intelligent, raisonné de ses droits politiques ; si elle ne reconnaît pas qu'à côté de ces droits, il est des obligations dont elle ne s'aurait s'affranchir.

Étant, comme on l'a dit, le gouvernement de tous par tous et pour tous, la république réclame un dévouement absolu, l'abnégation de tous les intérèts particuliers en faveur de l'intérêt général. Or, jusqu'ici, elle n'a été parmi nous que le synonyme de révolution ; elle n'a jamais offert d'autre spectacle que celui d'une compétition éhontée ; elle n'a été autre chose que l'entreprise de quelques ambitieux, et l'établissement fondé par eux n'a jamais présenté d'autre caractère que celui du désordre dans les idées. C'est un fait que les pouvoirs qui se sont intronisés sous la forme républicaine se sont affranchis tout d'abord des lois éternelles de la vérité et du bon sens.

La République ne deviendra possible en France que lorsqu'il s'opérera une réaction indispensable contre les intrigues qui en ont toujours étouffé les germes nés à peine ; lorsque nous aurons compris qu'elle n'est pas simplement un mot, mais un ensemble de notions certaines qui réclament une étude sérieuse et de tous les instants ; qu'elle n'est pas le triomphe d'un parti exclusif, qu'elle est dominée par le sentiment de la cause de la nation tout entière ; qu'elle résume des vertus et un esprit de sacrifices particuliers sans lesquels le bien commun restera toujours compromis ; lorsque nous reconnaîtrons que la constitution qui l'établirait parmi nous doit être entourée de nos respects à tous comme l'expression réelle des tendances nationales.

Parce que nous ne nous sommes pas pénétrés de ces vérités ; parce que nous sommes restés incapables de l'esprit de conquête sur nous-mêmes ; parce que, nous laissant constamment abuser par un verbiage ampoulé ou des théories pompeuses, nous sommes restés impuissants de conceptions pratiques ; parce que, en un mot, la nation n'a pas su appliquer toutes les forces de son intelligence pour comprendre les problèmes sociaux les plus élémentaires : la République ne pouvait avoir chance de durée. Elle ne devait être, elle n'a été et probablement ne sera jamais que le règne éphémère du désordre, véritable chaos, aboutissant infailliblement à une dictature, plus funeste, de beaucoup, que le plus rigide des pouvoirs absolus.

§ VI. — Et la Monarchie constitutionnelle, élément combiné de l'antique royauté et de la république, sera le seul régime qui répondra le mieux à nos besoins, à nos aspirations.

En effet, édifiée sur les relations de bonne foi que j'ai indiquées comme devant exister entre la nation et ses délégués ; fidèle observatrice d'une constitution soigneusement élaborée qui les consacrera, et acceptée de chaque côté comme régulateur suprême ; loyal dépositaire des prérogatives de la nation, elle ne pourra que donner à la France le calme et la prospérité qu'elle cherche depuis près d'un siècle, et lui assurer le développement graduel de ses libertés.

Émanant directement de la souveraineté de la nation, elle puisera dans le contrat constitutif de ses droits son principe d'action; et, dans les obligations de mandataire à mandant, la raison de sa force. Elle s'en armera avec fermeté pour la défense des intérêts du peuple, et sans que celui-ci s'en émeuve.

Et le principe d'hérédité, qu'elle implique, viendra fixer enfin ses destinées si longtemps suspendues. A mon tour, je dirai : *Aveugle qui ne le voit pas !*

Du reste, j'ai l'intime conviction, et je ne crains pas de le dire, dussé-je passer pour réactionnaire et être accusé de ne pas marcher avec mon siècle... — (j'aurais peur de le suivre quand je le vois renverser religion, — famille, — société, — politique), — j'ai, dis-je, l'intime conviction que c'est pour la France, si riche de souvenirs, un besoin de se sentir dominée par un principe autoritaire et le prestige qui s'y rattache. Et sans vouloir ici critiquer de parti pris, je me demande si le régime républicain pourra lui offrir l'un et l'autre, si grands que soient le mérite, les qualités des hommes dans lesquels il se personnifierait. Il est possible cependant qu'elle se le laisse imposer de guerre lasse ou par indolence, l'acceptant comme un ordre de choses établi, et pour en finir avec les incertitudes. Mais on ne fera pas qu'elle oublie les siècles de grandeurs que lui valurent ses monarchies : elle protestera donc dans le silence, et l'installation républicaine, une fois encore, ne sera pour

elle qu'une période transitoire, expectative, vers un retour à son vrai génie toujours méconnu.

Mais ce principe autoritaire, me répondra-t-on, comment le reconnaît-elle et peut-elle le désirer, puisqu'elle
ne sut pas même le respecter, le défendre, le maintenir? Il est vrai qu'elle a souvent fait acte de faiblesse à
l'encontre de ses véritables tendances, parce qu'une
évolution dans la voie du progrès ne peut jamais s'ac-
complir en France sans entraîner une révolution. — Il
n'en faut chercher la cause que dans le manque d'esprit
pratique, de fermeté dans les maximes et d'éducation
politique, surtout dans l'absence totale de ce sentiment,
le patriotisme, qui place le pays au-dessus des aspirations de parti.

Toutes ces imperfections n'atteignent en rien le principe que je pose. Il se dégagera dans toute sa pureté
quand toutes les raisons qui l'oppriment auront cessé
d'être. J'ai cette conviction.

Mais par « principe autoritaire » je n'entends pas
pouvoir absolu; et je ne puis accepter, comme beaucoup le disent, que c'est le seul admissible parmi nous,
du moins pour longtemps encore.

J'entends dire aussi que restaurer le pouvoir monarchique en France, c'est ramener ou plutôt y entretenir
des germes de révolution à terme. — C'est là jeter sur
le bon sens de la nation un doute bien injurieux, lui
donner un brevet de bien grande incapacité, d'inaptitude complète à juger de ses meilleurs intérêts. Cette
appréciation n'est-elle pas le reflet d'un esprit de parti
exclusif qui prétendrait rejeter sur le régime monar-

chique la responsabilité de toutes nos agitations anté-
rieures, l'accusant de les avoir provoquées par ses tendances vers le pouvoir absolu? Il me semble que les
pouvoirs constitutionnels, qui se sont établis parmi
nous, s'efforcèrent de rester vrais à leur origine, —
qu'ils se virent contraints d'abandonner un programme
posé de bonne foi, rendu plus tard impossible d'exécution par notre ignorance ou nos impatiences politiques,
par les ardeurs fiévreuses d'hommes ou de groupes
d'hommes avides de briller au premier rang, ou de l'occuper, du moins pour un temps. — Les pouvoirs monar-
chiques de notre siècle n'engendrèrent pas *proprio motu*
la révolution. Ils lui furent sacrifiés, et la France avec eux.

§ VII. — C'est dans les circonstances désastreuses où
se trouve la France qu'il importe pour elle de se placer
résolûment en face des problèmes dont dépend son existence nationale, et qui se résoudraient si facilement à
l'aide du simple bon sens.

Elle vient de faire un pas bien marqué dans la voie
du vrai par la composition de l'Assemblée nationale
actuelle, dont la majorité représente essentiellement la
cause de l'ordre et de la liberté pondérée, dont l'ensemble paraît vouloir s'affranchir de tout esprit de parti
au moment où notre malheureux pays a si largement
besoin d'union et du concours de tous.

Au lendemain de désastres inouïs dans l'histoire,
d'une guerre qui ne lui laisse que ruines et larmes,
constatons avec bonheur ce retour sur elle-même. Il est
de bon augure.

Il lui faut maintenant méditer sagement et profondément sur le mode de gouvernement qu'elle doit adopter : *République* honnête et vraie ou *Monarchie constitutionnelle ;* mais avec l'intention inébranlable de ne pas brûler demain, en enfant gâté par la Providence, ce qu'elle adorait hier ; de faire un établissement de durée, conforme à ses aspirations soigeusement écoutées, et puisant sa force de vie dans la sienne propre ; — de constituer, en un mot, un gouvernement vraiment national, à l'abri des caprices et d'intrigues à venir, qui la rejetteraient encore dans le chaos qui l'enveloppe et menace de se refermer sur elle.

C'est une question de vie !

Sur les champs de bataille, la France a témoigné de sa grandeur par des efforts qui se sont élevés à la hauteur de ses périls. Elle gémit de ne les avoir pas vus couronnés de succès. Elle ne pouvait pas...

Dans les travaux de la paix et de sa réconstitution politique, il lui reste à donner à l'Europe l'exemple d'une nation vaincue, c'est vrai, mais qui, de ses malheurs mêmes, attend sa régénération et sa prospérité futures, les fondant toutes deux sur la ligue du travail et de l'ordre, éclairée par l'*éducation politique,* — qui, abjurant ses erreurs passées, ses négligences d'autrefois, comme aussi tous dissentiments de parti qui l'ont conduite au bord de l'abîme, n'a plus d'autre objectif que de reprendre son rang un instant perdu.

Que d'éléments de succès pour elle, si elle veut ne pas négliger de les associer intimement !

PARIS. — IMP. SIMON RAÇON ET COMP., RUE D'ERFURTH, 1.